ÉLOGE FUNÈBRE

DU

T. R. P. PÉTÉTOT

Second Instituteur et Supérieur général de l'Oratoire de France

PRONONCÉ

EN L'EGLISE SAINT-LOUIS D'ANTIN

LE 10 FÉVRIER 1888

PAR

M. L'ABBÉ LE REBOURS

Curé de Sainte-Madeleine

PARIS

LIBRAIRIE POUSSIELGUE FRERES

CH. POUSSIELGUE SUCCESSEUR

RUE CASSETTE, 15.

1888

ÉLOGE FUNÈBRE

DU

T. R. P. PÉTÉTOT

ÉLOGE FUNÈBRE

DU

T. R. P. PÉTÉTOT

Second Instituteur et Supérieur général de l'Oratoire de France

PRONONCÉ

EN L'ÉGLISE SAINT-LOUIS D'ANTIN

LE 10 FÉVRIER 1888

PAR

M. L'ABBÉ LE REBOURS

Curé de Sainte-Madeleine

PARIS

LIBRAIRIE POUSSIELGUE FRÈRES

CH. POUSSIELGUE SUCCESSEUR

RUE CASSETTE, 15.

—

1888

Justus meus ex fide vivit
Mon Juste vit de la foi.

S. PAUL AUX HÉBR. X, 28.

EMINENCE (1),

MONSEIGNEUR (2),

MES FRÈRES.

Le monde, en ses louanges, prodigue volontiers le titre de juste : il en sent comme instinctivement la grandeur, mais s'il le donne aux siens facilement et sans scrupule, c'est qu'il ne se fait du juste qu'une idée vague ou du moins incomplète.

L'Apôtre au contraire, en ses divines épîtres, caractérise nettement, par deux mots clairs et profonds, celui qu'il appelle son juste, *justus meus*. C'est celui qui vit de la foi, *justus meus ex fide vivit*, celui dont l'intelligence, éclairée par la lumière divine, pense et juge selon la vérité la plus haute, la vérité surnaturelle, *ex fide*, celui dont la volonté, suivant sans hésiter cette lumière, est toujours dans la droiture et dans le devoir

(1) S. Ém. le cardinal Place, archevêque de Rennes.
(2) Mgr Perraud, évêque d'Autun, supérieur général de l'Oratoire.

accompli : *ex fide vivit.* Celui-là, dit l'Apôtre, n'est pas le juste incomplet ou surfait du monde, c'est mon juste, *justus meus*, le vrai juste devant Dieu et devant les hommes.

En traçant ce portrait du juste selon l'Apôtre, ne vous semble-t-il pas, mes Frères, que j'ai tracé du même coup celui du juste dont nous voulons honorer aujourd'hui la mémoire ? Oui, c'est la foi inspirant les pensées, les résolutions et les actes, qui fait les justes, *justus meus ex fide vivit*, et nous verrons, avec la grâce de Dieu, pour nous édifier et nous encourager, comment cette foi anima la vie tout entière du T. R. P. Louis-Pierre Pététot, second instituteur et supérieur général de l'Oratoire de France.

La foi est une lumière qui perfectionne la raison ; elle l'élève et ne la contredit jamais. C'est saint Paul encore qui l'enseigne : « Que votre foi, dit-il, soit raisonnable, *rationabile obsequium vestrum* (Rom. xii, i). » La foi, dans le R. P. Pététot, avait éminemment ce caractère. C'était avant tout un esprit raisonnable et logique ; il ne procédait pas par intuition, mais partant de principes nettement connus, il en déduisait les conséquences avec une extrême rigueur, pour régler sûrement sa vie et diriger celle des autres. Il n'admettait d'ailleurs pas les atermoiements, les compromissions, les voiles jetés sur la vérité lorsqu'on la trouve importune ou trop exigeante, mais il voulait la regarder en face et tout entière. Sans craindre ce qu'elle lui demanderait, prêt à faire, sans hésitation et sans retard, ce que lui montrerait comme juste et dans l'ordre son esprit éclairé par la foi, il allait au surnaturel, si j'osais parler de la sorte, avec un suprême bon sens qui semblait le fond même de son esprit. Prêtre, curé, religieux on le retrouve toujours tel en ses jugements comme en sa conduite.

I

Mon dessein n'est pas de retracer ici par le détail l'histoire de cette vie. Elle a été esquissée déjà, en des pages émues, par celui qu'un esprit profondément religieux et un long commerce avec le R. P. Pététot désignaient pour son successeur, et dont le talent élevé avait depuis longtemps marqué la place dans le sénat des lettres. Un filial et dévoué respect nous prépare, je le sais, un récit plus complet. Pour moi, je ne puis que choisir quelques traits plus saillants.

Tout d'abord, puisque je dois le considérer comme prêtre, je voudrais admirer avec vous ici, mes Frères, les dispositions de ses premières années, cette vocation précoce, déjà décidée à sept ans, et qui ne fera désormais que s'affirmer toujours davantage. C'est que son esprit avait aperçu le sacerdoce comme l'emploi le plus raisonnable et le plus élevé de la vie, et sa volonté avait suivi sans hésitation ces lumières.

Saint Grégoire de Nazianze a dit ce beau mot du grand saint Basile : « Il était prêtre avant même d'être prêtre : « c'est-à-dire, si je ne me trompe, il en avait les vertus avant « d'en avoir le degré ; il était prêtre par son zèle, par la gra- « vité de ses mœurs, par l'innocence de sa vie, avant de l'être « par son caractère. » Ce sont les paroles de Bossuet en l'oraison funèbre du R. P. François Bourgoing, et il me semble que je puis bien les appliquer à celui qui fut animé de son esprit et comme son lointain successeur.

Il est prêtre. Cette netteté de l'esprit, cette généreuse soumission de la volonté seront le caractère de sa vertu logique, courageuse, énergiquement active.

Un homme se peint tout entier par l'action qu'il a sur les autres, et sa nature, son génie propre se dégagent de l'ensemble de ses conseils et de l'influence qu'il exerce autour de lui. Étudier le P. Pététot comme directeur, montrer ce qu'il demandait des autres, sera le meilleur moyen de faire connaître ce qu'il était lui-même.

Avant tout il demande à ceux qu'il dirige le courage de chercher et de reconnaître la vérité, et le courage plus grand de marcher dans le chemin montré par elle. Il croit que rien n'est plus puissant pour déterminer la volonté que la claire vue de la vérité.

« Il faut compter, dit-il, sur cette puissance des idées dans « un esprit sérieux ; elles le persécutent jusqu'à ce qu'il en « tire les conséquences pratiques. Une seule idée, un seul « mot, *unum necessarium*, l'unique nécessaire. *Quid prodest*, « A quoi bon ? La logique lui répète *unum* jusqu'à ce qu'il « abandonne le reste ; elle lui répète : *Quid prodest* jusqu'à ce « qu'il ait conçu le mépris de la fortune et en ait détaché au « moins son cœur. C'est la logique qui a converti saint Fran- « çois Xavier. »

Ennemi de toute illusion, le P. Pététot n'admettait pas ces ménagements timides par lesquels, sous prétexte de ne pas effrayer les âmes, on leur cache la perfection à laquelle il faut tendre et ce qu'il en coûtera, pour l'atteindre.

Il mettait à une grande hauteur l'idéal de la vie chrétienne. « Oh, disait-il un jour, comme nous devons aimer Jésus- « Christ et vivre pour lui !... C'est là ce qu'il nous demande, « et vivre pour lui, c'est vivre avec dignité, avec noblesse, « d'une vie forte, remplie par le devoir, remplie par le bien

« c'est se sanctifier, c'est travailler à avancer ; oh ! faisons
« cela pour Jésus-Christ. »

Mais on ne vit pas de la sorte sans combats, sans sacrifices ;
il faut qu'on le sache, et il se plaît à y insister. « Ce n'est pas
« moi, c'est Jésus-Christ qui a dit : Le royaume des cieux
« souffre violence. Il faut donc se faire violence, non pas une
« fois, non pas un jour en passant, mais toujours, jusqu'à ce
« que la victoire sur nous-même soit acquise. La violence est la
« condition de la lutte ; la lutte contre soi-même, c'est la vie
« spirituelle ; on n'avance pas lorsqu'il n'y a pas lutte. »

C'était surtout contre l'orgueil qu'il voulait qu'on dirigeât
ses efforts. Il le recommandait sans cesse, ceux qui l'ont
entendu ne sauraient l'oublier. « Il faut s'humilier beaucoup,
« disait-il, quand l'orgueil a remporté sur nous quelque
« avantage. C'est tourner son triomphe en poison contre lui.
« Il est bien rare qu'une âme arrive à se débarrasser complè-
« tement de l'orgueil, mais quand on lui refuse toute satisfac-
« tion, il finit par mourir d'inanition. » Il ajoutait en son éner-
gique langage : « Il faut apporter, je dirai *de l'âpreté* pour vous
« en corriger. »

Tel était cet esprit droit, rigoureusement logique, tirant
des principes de la foi les conclusions les plus nettes, sans
reculer devant aucune, quelle qu'en fût la rude exigence.

La volonté, d'autre part courageuse et soumise, se portait
sans hésitation et sans retard à faire ce que l'esprit lui mon
trait. L'énergie était une des qualités que le P. Pététot estimait
au plus haut point. Sans elle, à son avis, on ne saurait avancer dans le bien.

« Vous avez essayé de vous réformer, disait-il, et vous
« n'avez pas réussi. Vous êtes découragé. Savez-vous la
« cause de votre insuccès? La voici : Vous avez agi avec

« faiblesse, avec mollesse. Vous avez été cet opérateur mal-
« habile, qui porte plusieurs fois le fer dans la plaie, qui hé-
« site, qui essaye et par cela même fait souffrir plus cruelle-
« ment le pauvre malade. Mais voyez ce que fait l'opérateur
« habile ; il prend le fer et, en deux ou trois coups, l'opération
« est finie, les douleurs ont cessé et le malade est sauvé. »

Toutefois lorsqu'il voyait dans une âme la bonne volonté,
sa condescendance n'était pas moindre que sa fermeté.
« Quand il y a bonne volonté, disait-il, Dieu se charge du
« reste, il nous conduit, il nous guide, et cette bonne vo-
« lonté donne le droit à une pauvre âme de dire à Notre-Sei-
« gneur : Venez à mon aide, faites pour moi ce que je ne puis
« faire moi-même. Agissez en moi. »

« Qu'il était doux et patient, nous écrit-on, encore, me
« supportant toujours malgré mes perpétuelles rechutes, ne
« me demandant point au delà de mes forces, faisant comme
« Notre-Seigneur, ne voulant pas éteindre la mèche qui fume
« encore. »

Uniquement inspiré par les vues de la foi dans le soin des
âmes, il avait pour chacune une conduite différente. En lui, on
n'apercevait jamais l'homme. Sa direction, aussi ferme que
discrète, ne se formulait que dans les circonstances impé-
rieuses ; mais alors elle était irrévocable. On peut dire que la
place de Dieu était fidèlement gardée dans les âmes par son
humble et fidèle serviteur.

« Je le vois encore, nous dit-on, dans ce petit parloir de la
« rue du Regard, alors que l'Oratoire commençait. Au pre-
« mier appel de la cloche, il accourait, écoutait, répondait
« trois ou quatre paroles après un instant de silence et de
« prière, et puis partait au plus vite ; mais ses paroles sen-
« taient le bon Dieu. »

Ce respect du temps dans sa direction, comme dans toute sa conduite, était vraiment caractéristique chez cet homme de foi. Il en avait une juste estime, et je dirai volontiers, non pas qu'il en était avare, mais qu'il en était économe. Il n'en était pas avare, et ne le défendait point avec un soin jaloux, comme un bien qui lui était propre et dont il pouvait disposer à sa guise. Mais il en était économe comme d'un trésor qui lui était confié, pour le dépenser en sage administrateur, selon les intentions du Maître, avec un perpétuel regard vers le compte qu'il en devrait rendre un jour. « Voilà, disait-il, « une journée qui commence, Dieu me la confie, il ne me « l'abandonne pas ; il a des vues sur elle. »

L'idéal pour lui n'était pas de donner à chacun peu de temps, mais de n'en donner que ce qui était utile. Aussi rien n'était moins en ses coutumes que les entretiens longuement prolongés. Il avait l'heureuse faculté de ne s'occuper plus des affaires terminées, et semblait, en son esprit comme en sa démarche, penché en avant vers ce qui restait à faire. En le voyant ainsi marchant vite, sans avoir toutefois l'air inquiet, ni soucieux, nous nous rappelions le mot de l'apôtre : « *Quæ quidem retro sunt obliviscens, ad ea vero quæ sunt priora extendens meipsum*, j'oublie tout ce qui est derrière moi et je m'élance en avant vers ce qui est devant moi...» (Philip., III., 13.)

Tel fut le P. Pététot, prêtre véritablement juste à la manière dont l'entendait saint Paul, vivant et faisant vivre de la foi. *Justus meus ex fide vivit.*

II

Si maintenant nous venons à considérer ce prêtre à la tête d'une grande paroisse, nous reconnaîtrons en lui le modèle achevé du curé selon le cœur de Dieu.

Dans ses rapports avec le clergé, dans sa prédication, dans l'administration de la paroisse, c'était toujours le juste vivant de la foi, *Justus meus ex fide vivit.*

Une haute et respectueuse estime du sacerdoce lui inspirait dès lors ce grand désir de la perfection des prêtres, qui devait, dans l'avenir, être pour lui un des motifs déterminants et comme le but principal de la fondation de l'Oratoire. Il avait sans doute le sentiment de la hiérarchie, mais il s'imposait surtout par le mérite et la vertu. Plein d'égards pour les anciens du sacerdoce, il était vraiment paternel pour les plus jeunes ; il les encourageait dans leurs premiers succès ne craignant pas, d'autre part, de les avertir toutes les fois qu'il voyait en eux quelque chose à réformer. Il leur inspirait ces vues supérieures de la foi qui le guidaient en tout, et les portait sans cesse à ce dépouillement de la personnalité qui le caractérisait si bien lui-même, et lui était devenu si naturel qu'on était presque tenté de ne le plus admirer.

Son commerce d'ailleurs était facile et vraiment aimable. *Non habet amaritudinem conversatio illius.* (Sap. VIII., 16.) ceux qui ont eu le bonheur, je dirai plus volontiers la grâce de vivre en sa compagnie peuvent en rendre témoignage. Un oubli complet de lui-même, une humeur constamment égale, douce et presque enjouée, tout en restant grave et digne, enfin la sagesse de ses conseils et l'édification de ses exemples rendaient près de lui la vie aussi heureuse que profitable.

Sa prédication portait d'une façon très marquée le caractère logique et net de son esprit. Elle procédait par syllogismes, s'imposant avec une rigueur qui, dans sa bouche, n'était ni aride, ni sèche, mais originale et singulièrement frappante. Il aimait les interrogations pressantes, répétées, les antithèses qui réveillent et forcent l'attention, les formules brèves, les sentences qui se gravent dans la mémoire. Il disait par exemple : « Entre au palais des rois qui peut ; entre au palais de Dieu qui veut. » Une autre fois, parlant à son auditoire des devoirs envers Dieu il le pressait ainsi : « Que devez-vous à Dieu ? Tout. Faites les parts dans votre vie. Combien à votre corps ? combien à la paresse ? combien à la futilité ? combien à la vanité ? Et à Dieu que lui reste-t-il ? »

Il avait, au temps de sa jeunesse sacerdotale, prêché d'une façon plus brillante et avec un soin plus recherché de la forme. La chaire de Saint-Roch, qu'il occupait alors avec Mgr Olivier et Mgr Dupanloup, son illustre ami, attirait de toutes parts un auditoire d'élite. Le père Pététot eut à cette époque de grands succès. Plus tard il négligeait volontiers tout ornement pour ne s'attacher qu'à la vérité seule et entière, estimant qu'elle n'avait pas besoin d'un secours étranger pour vaincre ; il aimait tant la vérité ! On sait les fruits qu'à produits dans les stations, dans les réunions d'œuvres, dans les retraites données aux personnes du monde, aux communautés, particulièrement aux prêtres cette parole si nette, si convaincue, si uniquement désireuse, non de plaire, mais de persuader.

L'église où nous sommes a eu le privilège de l'entendre pendant onze années, et j'aurais sûrement fait du bien, si je pouvais réveiller ici un écho affaibli de cette éloquence toute sacerdotale. Dieu d'ailleurs a heureusement ménagé à cette paroisse, pour continuer l'œuvre du P. Pététot, un de ses disciples les plus anciens, les plus chers et les plus respectueusement dévoués.

Pour nous, qui l'avons entendu à Saint-Roch, rien ne saurait dépasser l'impression qu'ont laissée en notre mémoire ces courtes et vibrantes paroles par lesquelles, dans la retraite pascale, il remuait et ramenait à Dieu les âmes. Cet immense auditoire était dominé, subjugué par cet accent de foi où l'on sentait si bien le désir de la gloire de Dieu, et la soif des âmes, l'unique pensée comme l'ardente passion de ce cœur d'apôtre. Jamais il ne parlait en vain, et tous, quand il s'était tû, nous recueillions, émus et consolés, dans les aveux du repentir et les généreux retours à Dieu, les fruits abondants de sa parole inspirée.

Est-il besoin de rappeler l'affectueuse et surnaturelle tendresse qu'il avait pour l'âme des enfants? Il en parlait aux mères avec tant d'insistance et de respect ! « Je vois à côté de « vous votre enfant, écrivait-il ; c'est une âme que le bon « Dieu vous a confiée, pour que vous la rendiez sienne ; il « faut lui donner les avis, les conseils dont elle a besoin et « surtout l'exemple »

Tous savent le soin qu'il prenait des catéchismes où il était un maître éminent ; nous vivons encore de ses traditions. Ami de Mgr Dupanloup, dont il complétait peut-être la brillante direction, par ses solides instructions et ses exhortations si nettes et si pratiques, il avait largement contribué au succès de cette académie de Saint-Hyacinthe qui réunissait l'élite de la jeunesse de son temps. Là se préparaient, dans la solidité de la foi et la générosité du cœur, tant de vies qui, plus tard devaient être si utiles à l'Église et à la société, Baudon, Falloux, Montalembert et tant d'autres.

En rappelant devant vous, Éminence, ces souvenirs de Saint-Hyacinthe qui valent à la mémoire du R. P. Pététot l'honneur de votre présence et le bien de vos prières, qu'il me soit permis de remercier Dieu d'avoir préparé, dans ces réunions, la vocation et la vie d'un prince de l'Église qui devait la servir avec un esprit si élevé, un dévouement si profond et un si grand profit pour les âmes.

J'ai tracé rapidement, Monseigneur, un trop court aperçu de la vie pastorale du R. P. Pététot. C'est assez toutefois pour montrer comment, à la tête de grandes paroisses, il fut encore le vrai juste selon saint Paul. La foi seule était la lumière qui l'éclairait et le guidait en tous ses desseins. Dans ses œuvres d'enfants, d'ouvriers, de pauvres des faubourgs, dans ses fondations, dans ses constructions hardies et rapides, nous reconnaissons, nous admirons toujours le juste vivant de la foi, *justus meus ex fide vivit*.

III

La vie religieuse était apparue de tout temps à l'esprit logique du P. Pététot comme la plus haute perfection à laquelle pouvait tendre le prêtre. Ce fut son aspiration constante, et des essais infructueux ne le ralentirent point.

A peine revêtu du sacerdoce, vicaire à Saint-Philippe-du-Roule, entouré déjà de sympathie et de respect, il songe à tout quitter. Les Jésuites avaient alors à Montrouge un noviciat nombreux et florissant. Il s'y achemine ; mais Dieu ne le veut pas là. Les maîtres habiles auxquels il confie ses pensées l'en détournent, bien qu'à regret, pressentant les fruits heureux que doivent produire ses exemples dans le monde et son influence sur le clergé. Ainsi autrefois saint Ignace, malgré l'estime si haute qu'il faisait de saint Philippe de Néri, ne voulut pas le recevoir dans sa compagnie, entre-voyant pour lui d'autres desseins de Dieu.

L'abbé Pététot revint à la paroisse. Toutefois ce besoin de perfection qui le poussait vers l'état religieux lui demeurait au cœur. Un jour, avec quelques confrères qui avaient le secret de son âme et partageaient ses désirs, il voulut, si Dieu ne l'appelait pas au couvent, faire du moins un couvent de son presbytère. Toute élégance, tout confortable en disparurent sans retour. Les pieux amis adoptèrent, à la place, un mobilier uniforme, simple, austère même, qui put étonner d'abord, mais qui surtout édifia, parce qu'ils ne prétendaient ni s'imposer, ni blâmer personne, et demeuraient bienveillants, aimables et indulgents pour tous autour d'eux.

On se promit en même temps de mener une vie plus retirée, moins mêlée aux réunions du monde ; on donnerait une plus grande partie de la journée aux exercices de piété, on serait plus exact à l'oraison, plus fidèle encore aux devoirs envers la sainte Eucharistie. Cette dévotion était chère entre toutes au R. P. Pététot ; il n'était jamais plus heureux que lorsqu'il pouvait se tenir au pied des saints autels, dans cette attitude grave et recueillie que nous lui avons tous connue et qui exprimait surtout le respect et l'adoration.

L'oraison et la sainte Eucharistie, c'était, selon lui, les deux grands moyens d'avancer ; aussi les recommandait-il instamment aux âmes.

Le lundi soir, on se réunissait pour s'édifier ensemble. Un court, mais cordial repas était suivi d'une conférence spirituelle. Le sujet en était donné d'avance. Chacun parlait à son tour. Le P. Pététot résumait ce qui avait été dit avec sa lucidité ordinaire et y joignait ses pensées toujours si nettes, si pratiques et si utiles. Rien ne saurait le faire mieux connaître que les procès-verbaux de ces pieuses soirées.

Cependant sa pensée première restait malgré tout présente à son esprit. Cet *unum* retentissait, exigeant et sans trêve à l'oreille de son cœur. On lui avait déconseillé la vie et les vœux solennels de religion. L'Oratoire lui apparut comme pouvant répondre à ses généreuses et constantes aspirations.

Au mois de juillet 1852, après les catéchismes terminés et les solennités de la Fête-Dieu, il partait pour Rome et nous emmenait avec lui : incertain, comme saint Paul allant à Jérusalem, de ce qui lui arriverait, *Quæ in eâ ventura sunt mihi ignorans* (Act. xx, 22), mais croyant de son devoir, nous disait-il, de s'éclairer définitivement sur ces desseins depuis si longtemps conçus. Il s'en allait sans parti pris quant au rétablissement de l'Oratoire, uniquement soucieux de chercher la volonté divine, décidé à la suivre dès qu'il l'aurait connue.

A Rome, nous allions, conduits par lui, dans les sanctuaires les plus vénérés, demandant aux saints, aux bienheureux apôtres surtout, assistance et lumière.

Le cardinal Fornari était connu du P. Pététot et très bienveillant pour lui. C'était un esprit distingué et fort justement apprécié de tous. Nous allâmes le voir. Le père exposa sa pensée, ses anciens désirs, le bien que ferait l'Oratoire. Le cardinal connaissait la France et Paris où il avait été nonce, il savait la place qu'y tenait le père Petétot, il ne l'encouragea point à la quitter, bien plus il le déconseilla nettement.

Le père revint avec nous à sa demeure, aussi calme, aussi peu ému qu'il en était parti, étant décidé, puisqu'il était venu chercher conseil à l'accepter et à le suivre. « Il faudra, disait-il en paix, renoncer à l'Oratoire. »

Le cardinal toutefois n'avait pas voulu dire le dernier mot, et par son avis le P. Pététot devait tout soumettre au Pape, à la suprême autorité. Pie IX écouta à son tour, sérieux, intéressé, recueilli, l'exposé des pensées du Père. Il les approuva. L'Oratoire était fondé.

Ce fut une des dispositions les plus caractéristiques et les plus constantes du P. Petétot que cette volonté de conformer en tout sa vie aux désirs du Souverain Pontife. Aussi simplement docile qu'inébranlablement attaché à la sainte Eglise et à son chef, il en attendait les enseignements et la direction dans un esprit tout filial, composé de respect et d'amour ; il les recevait avec joie, je ne dirai pas avec soumission, car la soumission semble supposer un effort. Plus tard, après un temps de longues discussions, voyant quelques âmes s'agiter et s'inquiéter, il disait, toujours calme et confiant : « Le Saint-Esprit n'a jamais promis à l'Église de « mettre les juges de la foi, qui sont des hommes, hors des « atteintes des passions humaines. Mais il donne à l'Église ce « qu'il lui a promis, de ne jamais s'écarter de la vérité. » (3 mai 1872.)

Fixé désormais sans retour par les paroles du Pontife suprême, le R. P. Petétot ne songea plus qu'à accomplir son généreux dessein. Le voyage en Italie ne fut désormais qu'un pèlerinage de préparation, dont les trois grandes stations furent Chiesa-nuova, Assise et Lorette.

Chiesa-nuova est, à Rome, la grande église de l'Oratoire. Avec quel pieux et filial empressement il y vénéra les traces et les précieux souvenirs de son illustre fondateur saint Philippe de Néri !

Quel soin dès lors pour connaître son institution ! Que de prières pour obtenir son esprit, pour lui demander de protéger ce jeune rameau qui venait se greffer sur l'arbre séculaire et béni ! Que de lumières, que de grâces, que de profondes impressions furent reçues près de ce tombeau, dans ces chambres témoins de la ferveur et des derniers élans d'amour qui firent battre le cœur du saint fondateur de l'Oratoire !

En quittant Rome nous nous rendîmes à Assise. C'était le 2 du mois d'août, la fête solennelle de Notre-Dame des Anges. Ce souvenir est resté vivant et ineffaçable dans nos cœurs. En ces temps heureux et calmes, les pèlerins accouraient nombreux de toutes les provinces d'alentour et jusque des lointaines vallées des Abruzzes. Ce jour-là on en comptait trente mille campés, par bandes venues ensemble, sur les collines et le flanc boisé des montagnes, autour des feux allumés pour le frugal repas. Leurs prières, leurs chants harmonieux et recueillis montaient de toutes parts vers le ciel, avec le parfum des senteurs du soir, après les heures embrasées du jour. Atteints, nous aussi, par cette atmosphère de confiance et de paix, il nous semblait recevoir quelque chose de la grâce du séraphique patriarche d'Assise. A nous, comme jadis à lui, la nature entière parlait là de Dieu, le rendait plus présent au cœur, et le cri d'amour de saint François : « Mon Dieu et mon tout » retentissant au fond de l'âme s'échappait volontiers des lèvres !

Le Révérend Père, qui avait sans doute puisé la dévotion au pauvre d'Assise dans cette église de Saint-Louis d'Antin, jadis bâtie par ses enfants, partit d'Assise plus libre encore et plus détaché de toutes choses. Il avait contemplé avec ravissement et envié les mystiques chefs-d'œuvre de Giotto : le mariage avec la pauvreté, l'obéissance et la chasteté.

Lorette et la sainte Maison devaient être la station dernière de son pèlerinage. Après avoir, à Assise, brisé les derniers liens qui l'attachaient à la terre, il allait remplir son âme de cette dévotion au saint mystère de l'Incarnation qu'inspire l'incomparable demeure où s'accomplit le grand œuvre de la miséricorde et de l'amour. Né dans cette paroisse de Saint-Merry où vécut longtemps la bienheureuse Marie de l'Incarnation, et comme prédestiné ainsi à recevoir par elle l'esprit de M. de Bérulle, il achevait, avant de renouveler son œuvre, de se pénétrer de ses sentiments au sanctuaire même de la divine Incarnation.

La préparation était achevée. Le P. Pététot ne s'arrêta plus en chemin, mais revint en hâte à Paris pour mettre son grand dessein sous la protection de Marie, en en datant l'exécution première de la fête de sa glorieuse Assomption.

Cependant un petit nombre d'âmes d'élite attendaient impatiemment son retour. Confidentes de ses desseins, elles avaient déclaré la résolution de le suivre en leur accomplissement. Douces et chères amitiés, où chacun pouvait bien dire avec saint Grégoire de Nazianze, parlant de son intime union avec saint Basile : « *Quod nos conjunxerat Deus et rerum præstantiorum amor ;* ce qui nous avait unis, c'était le commun besoin, le commun amour de Dieu et l'amour aussi des choses plus élevées, des choses meilleures, *rerum præstantiorum amor.* » Ce fut vraiment là le lien qui réunit ces prémices du futur Oratoire : le besoin de Dieu, le désir de le connaître mieux encore, de se donner plus encore à lui, enfin le goût, je dirais volontiers la passion des choses élevées, cherchées pour soi par l'étude, communiquées aux autres avec toute la chaleur d'un zèle ardent. Jours de la première jeunesse d'une famille religieuse, jours héroïques et pleins de charme, où l'on espère tout, où nul but ne semble trop haut, où rien n'effraye, rien ne coûte, où une incomparable communauté de généreux désirs unit les âmes du lien surnaturel à la fois le plus fort et le plus doux !

Heureux ces premiers nés de l'Oratoire groupés autour du père vénéré, confiant leur jeune ardeur à une sagesse et à une expérience qui devaient l'encourager et la guider, sans jamais la comprimer ni l'éteindre !

Que dirai-je de l'esprit de l'Oratoire revivant en ce groupe privilégié ? Il me semble ne pouvoir mieux faire que de citer encore Bossuet. Parlant du P. de Bérulle, il dit : « Son amour « immense pour l'Église lui inspira le dessein de former une « compagnie à laquelle il n'a point voulu donner d'autre « esprit que l'esprit même de l'Église, ni d'autres règles que « ses canons, ni d'autres supérieurs que ses évêques, ni « d'autres liens que sa charité, ni d'autres vœux que ceux du « baptême et du sacerdoce. Là, une sainte liberté fait un saint « engagement; on obéit sans dépendre; on gouverne sans « commander; toute l'autorité est dans la douceur et le « respect s'entretient sans le secours de la crainte... Là, pour « former de vrais prêtres, on les mène à la source de la « vérité. Ils ont toujours en main les saints livres pour en « chercher, sans relâche, la lettre par l'étude, l'esprit par « l'oraison, la profondeur par la retraite, l'efficace par la « pratique, la fin par la charité à laquelle tout se termine et « qui est l'unique trésor du christianisme, *Christiani hominis* « *thesaurus*, comme parle Tertullien (*De patientiâ*, n° 12). »

Le nouvel Oratoire reprit toutes les œuvres de l'ancien, prédications dans les paroisses, retraites, conférences doctrinales pour les hommes d'étude, répondant à toutes les exigences d'esprits distingués, œuvres pour les jeunes gens, petits séminaires et collèges. Saint-Lô formait à une solide

piété les aspirants au sacerdoce ; c'était l'œuvre préférée du
P. Pététot. Juilly vit renaître son ancienne gloire et surtout
son ancienne mission de « préparer, comme disait Male-
« branche, sous son arbre séculaire, des hommes, des
« citoyens, des chrétiens » ; paroles dont nous avons entendu
naguère, Monseigneur, le si éloquent commentaire (1).

Il aimait ces vieux murs avec leurs longs souvenirs, ces
larges allées pleines de méditation et de paix ; il s'y rendait
souvent, il y avait fixé sa dernière demeure près du Père de
Condren. Car sa verte vieillesse avait enfin senti le poids
accumulé des ans. Il ne pouvait plus travailler autant pour
Dieu et pour les âmes ; c'était sa vraie douleur, adoucie toutefois par son entière soumission à la volonté de Dieu.

Il eut un dernier désir. Comme le laboureur, qui sent ses
forces défaillir et la fin s'approcher, se plaît à parcourir, une
fois encore, avant de les quitter sans retour, les champs
longtemps arrosés de ses sueurs fécondes, le P. Pététot voulut
revoir les paroisses où s'était exercé son zèle, et monter une
dernière fois dans ces chaires d'où jadis il avait jeté si fruc ·
tueusement la semence de la divine parole, Saint-Merry
Saint-Philippe-du-Roule, Saint-Louis d'Antin, enfin la Made-
leine. Ce fut son dernier discours, encore plein de vie et surtout d'une expression profonde de conviction et d'amour
de Dieu, que sa voix épuisée faisait passer, mieux encore
peut-être, dans les âmes émues.

Après cela il écrivait (c'était le samedi saint de l'année qui
vient de finir) : « Cette semaine a été remplie par les tristesses
« de la passion de Notre-Seigneur, et demain nous chan-
« terons l'*Alleluia* de la fête de Pâques, la plus grande des

---

(1) L'orateur fait ici allusion à un discours de distribution de prix prononcé par Mgr Perraud à Juilly avec cette division.

« fêtes chrétiennes. Il y a un autre lieu où nous chanterons
« aussi l'*Alleluia*, ce sera au ciel. »

Il ne songea plus désormais qu'à cet *Alleluia* éternel,
déclinant toujours quant au corps et toujours grandissant,
tuant à l'âme. Réduit à l'impuissance, il n'avait plus la force,
ni de lire, ni de réciter son bréviaire, ni même de dire le
chapelet. Un de ses fils les plus dévoués lui dit un jour :
« Mon Père, vous devez vous ennuyer un peu d'être ainsi
« réduit à l'inaction. » — « Oh non, répondit-il, je ne m'en-
« nuie jamais ; il y a la présence de Dieu ! »

Pendant les derniers mois de sa vie, il n'a jamais cessé de
tenir le crucifix dans ses mains défaillantes ; il a été enseveli
le tenant encore : ç'avait été son suprême désir.

Qu'il me soit permis maintenant, mes frères, de prêter au
R. P. Pététot, voyant venir la mort, les paroles que Bossuet
met sur les lèvres du R. P. Bourgoing mourant : « O mort,
« lui dit-il d'un visage ferme, tu ne me feras aucun mal, tu
« ne m'ôteras rien de ce qui m'est cher ; tu me sépareras de
« ce corps mortel, ô mort, je t'en remercie. J'ai travaillé
« toute ma vie à m'en détacher... Ainsi, bien loin d'inter-
« rompre le cours de mes desseins, tu ne fais qu'accomplir
« l'ouvrage que j'ai commencé ; tu ne détruis pas ce que je
« prétends, mais tu l'achèves. Achève donc, ô mort favorable,
« et rends-moi bientôt à mon maître.

« Et voilà qu'étant arrivé en la bienheureuse terre des vivants,
« il voit et il goûte, en la source même, combien le Seigneur
« est doux, et il chante et il triomphe avec les saints anges,
« pénétrant Dieu, pénétré de Dieu, admirant la magnificence
« de sa maison et s'enivrant du torrent de ses délices. »

Et nous, Mes Frères, bénissant Dieu magnifique en ses ré-
compenses pour le vrai juste vivant de la foi, demandons que

ces exemples ne soient pas perdus pour nous. Ne nous bor-
nons pas à une vaine admiration, à de stériles hommages.
Nous avons vu le R. P. Pététot prêtre, curé, religieux uniquement et toujours inspiré, guidé par la foi. Elle fut l'âme
de sa vie, le soutien de sa vertu, la source des fruits abondants qu'il a faits dans les âmes. Pour que notre vie soit
sainte et féconde, pour que notre mort soit calme et con-
fiante, pour que notre éternelle récompense soit assurée,
nous aussi vivons de la foi ; que notre esprit docile accepte ses
lumières, que notre volonté généreuse soit animée de son mou-
vement, et comme dernier vœu, comme suprême prière, répé-
tons, Mes Frères, la parole émue du prophète « *Moriatur,
Domine, anima mea morte justorum et fiant novissima
mea horum similia* (Num. XXIII, 10) : O Seigneur, que mon
âme meure de la mort des justes et que ma dernière heure soit
en tout semblable à leurs derniers moments. » C'est la grâce
que je vous souhaite avec la bénédiction de Son Éminence.

15217. — PARIS. F. LEVÉ, IMPRIMEUR DE L'ARCHEVÊCHÉ, 17, RUE CASSETTE.